ERBACH IM ODENWALD

WESEN, WERDEN, WANDEL

Marktplatz mit Denkmal Graf Franz I. zu Erbach-Erbach (1754–1823).

Peter W. Sattler

Die Reihe Archivbilder

ERBACH IM ODENWALD

WESEN, WERDEN, WANDEL

SUTTON
VERLAG

Parade der Lastkraftwagen des Erbacher Brauhauses auf dem Marktplatz in den Zwanziger-jahren.

Sutton Verlag GmbH
Hochheimer Straße 59
99094 Erfurt
www.suttonverlag.de

Copyright © Sutton Verlag, 2012
ISBN: 978-3-95400-010-4
Druck: Books on Demand GmbH, Norderstedt, Deutschland

INHALTSVERZEICHNIS

DANKSAGUNG

Der Verfasser bedankt sich bei all den Personen, die Bilder zur Verfügung gestellt haben. Dankbar konnte er insbesondere auf die Sammlungen von Dieter Dingeldein (Dorf-Erbach), Marie-Luise Hartmann (Michelstadt), Lieselotte Hupp (Erbach), Hans-Joachim Nicklas (Michelstadt), Anneliese Scior (Günterfürst), Waltraud Walther (Schönnen) und Lothar Weinrauch (Ebersberg) zurückgreifen. Auch der Wissenschaftlichen Leiterin des Deutschen Elfenbeinmuseums, Dr. Barbara Simon, der Stadtarchivarin i. R. Ingeborg Diersch und dem Fotoatelier Wilhelm und Manfred König (Erbach) ist er zu Dank verpflichtet.

BILDNACHWEIS

Die Doppelnennung der Bilder ergibt sich aus der unterschiedlichen Autorenschaft und der zum Teil doppelten Leihgeberschaft.

Stadtarchiv Erbach: S. 11, u., 18, o., 20, o., 37, u., 39, o., 51, o., 52, u., 54, u., 59, o., 59, u., 61, u., 63, u., 66, o., 76, o., 76, u., 93, o., 94, o., 113, o., 113, u., 114, o., 114, u., 120, u., 121, o., 126, o., 126, u. G. Bonin: S. 40, o.; D. Dingeldein: S. 4, u., 10, o., 11, o., 23, o., 23, u., 24, o., 24. u., 25, o., 25, u., 28, o., 29, o., 42, u., 43, o., 43, u., 44, o., 70, o., 70, u., 71, o.; G. Einwächter: S. 111, u.; H. Fürst: S. 40 u; K. Gerbig: S. 66, u., 67, o.; W. Gerling: S. 9, u., 55, u., 69, u., 79, u., 87, u., 95, u., 107, u.; A. Giess: S. 53, u.; W. Grenz: S. 35, u., 36, o., 36, u., 40, u., 49, u., 82, u., 97, o.; T. Hafner: S. 96, o., 96, u.; M.-L. Hartmann: S. 11, o., 12, o., 12, u., 26, o., 41, u., 45, u., 46, o., 72, o., 93, u., 99, o.; A. Helm: S. 198, o.; H. H. Hindorf: S. 94, u.; G. Horn: S. 35, o., 38, o., 38, u., 105, o., 115, o.; L. Hupp: S. 20, u., 27, o., 42, o., 58, u., 71, u., 101, o., 101, u., 103, u., 104, o., 104, u., 115, u.; G. Kauer: S. 44, u., 45, o., 46, u. 72, u.; D. Klapproth: S. 117, u.; L. Klement: S. 21, o.; W. u. M. König: S. 10, u., 13, o., 74, u., 75, o., 75, u., 106, u.; S. Koziol: S. 65, o.; L. Kredel: S. 73, u., 86, u.; I. Kutscher: S. 56, u., 57, o., 57, u.; M. Lambert: S. 13, u., 14, o., 14, u. ; J. Lang: S. 48, o., 81, u., 98, o., 110, o.; W. Ludwig: S 103, u.; C. Müller: S. 88, o., 88, u.; H.-J. Nicklas: S. 22, u., 74, o., 83, o., 99, u., 109, o., 109, u., 118, o.; Foto-Nicklas: S. 97, o., 105, u., 106, o; A. Olt: S. 97, o., 103, o., 106, o., 106, u., 108, u.; E. Petersik: S. 78, u.; H. Reichert: S. 56, o.; H. Ripper: S. 78, o.; Dr. P. W. Sattler: S. 15, o., 15, u., 16, o., 16, u., 17, o., 17, u., 18, u., 21, u., 27, u., 28, u., 48, u., 50, u., 52, o., 53, o., 54, o., 65, u., 77, o., 77, u., 80, u., 90, o., 90, u., 92, o., 119, u., 121, u., 122, o., 122, u., 123, o., 123, u., 124, o., 124, u., 125, o., 125, u., 127, o., 127, u.; Archiv: S. 2, 26, u., 58, o., 118, u., 119, o.; U. Schodterer: S. 112, o., 112, u.; E. Schweikert: S. 47, o., 47, u., 73, u., 74, u., 85, o., 85, u., 100, o.; A. Scior: S. 33, u., 34, o., 34, u., 80, o., 83, u., 84, u., 102, o., 116, u.; H. Scior-Walther: S. 29, u.; Dr. B. Simon: S. 60, o., 60, u., 61, o., 62, o., 62, u., 63, o., 64, o., 64, u., 89, o., 89, u., 91, o., 91, u., 92, u.; E. Spatz: S. 108, o.; K.-H. Spatz: S. 82, o., 97, u.; R. Sperber u. E. Höfer: S. 19, u.; C. Vogt: S. 110, o.; W. Walther: S. 39, u., 50, o., 73, o., 110, u., 111, o., 116, o; Walther & Sohn, Goldschmiede: S. 67, u., 68, o., 68, u.; W. Weckbach: S. 120, o.; L. Weinrauch: S. 30, o., 30, u., 31, o., 31, u., 32, o., 49, o., 51, u., 81, o., 100, u.; R. Weyrauch: S. 31, u., 33, o., 41, o., 84, o., 98, u., 102, u.

VORWORT

Erbach ist die Kreisstadt des hessischen Odenwaldkreises, der aufgrund der Gebietsreform 1972 aus der Taufe gehoben wurde. Davor hieß diese Gebietskörperschaft Landkreis Erbach. Sie nahm zwar den landschaftsbezogenen Namen Odenwaldkreis an, die amtlichen Nummernschilder der Kraftfahrzeuge verweisen indessen mit ERB auf die Kreisstadt Erbach.

Zur Stadt Erbach zählen neben der Kernstadt und dem ihr zugeordneten Weiler Roßbach die ländlicher strukturierten Stadtteile bzw. Ortsbezirke Bullau mit dem Weiler Eutergrund, Dorf-Erbach mit dem Weiler Habermannskreuz, Ebersberg, Elsbach, Erbuch, Erlenbach, Ernsbach, Günterfürst, Haisterbach mit dem Weiler Marbach, Lauerbach und Schönnen. Zusammen hat dieses Gemeinwesen rund 13.500 Einwohner, damit ist es neben Michelstadt die zweitgrößte Kommune im Odenwaldkreis. Mit einer Höhenlage zwischen 200 und 560 Metern ist Erbach in die liebliche Odenwaldlandschaft eingebettet und schon von jeher ein beliebter Aufenthaltsort für kulturell interessierte Gäste. Seit 1960 ist Erbach „Staatlich anerkannter Erholungsort" inmitten des UNESCO-Geo-Naturparks Bergstraße-Odenwald.

Eine erste literarische Lobeshymne auf Erbach stammt von keinem Geringeren als Johann Wolfgang von Goethe. Um 1815 schrieb er: „Glückte uns nochmals am Oberrhein zu verweilen, so bieten uns Mannheim, Schwetzingen und die gräfliche Sammlung deutscher Alterthümer zu Erbach den schönsten Stoff …" Reiseschriftsteller Gerhard Friedrich notierte 1819 in sein Tagebuch diese Eindrücke: „Unser Führer leitete uns zum herrschaftlichen Schlosse. Schon beim Eintritte fiel uns ein Thurm von ungefähr achtzig Fuß Höhe in des Schlosses Mitte auf, malerisch von Epheu umrankt …" Der gräfliche Regierungsrat Johann Friedrich Knapp schrieb 1821 über Erbach unter anderem: „Das Städtchen selbst, so wie die Grafschaft, soll den Namen von einem kleinen Bach erhalten haben, welcher sich in einem nahe gelegenen Dorfe gleiches Namens (Dorferbach) in die Erde stürzt, bey Stockheim wieder hervorkommt und dann die Erdbach genannt wird. Alles was hier sehenswerth ist, findet sich in dem gräflichen Schlosse vereint."

Alle rühmen das Schloss mit seinen Sammlungen und dem imponierenden Turm, den Bergfried aus dem 12. Jahrhundert. Er ist bis heute Erbachs Wahrzeichen und bestimmt neben dem Stadtkirchturm von 1750 und dem Tempelhaus (um 1350) die Silhouette der Stadt. „Ertbach" (Alt-Erbach, das heutige Dorf-Erbach) wurde erstmals 1095 urkundlich erwähnt, 1303 die Erbacher Burg („castrum") und von 1321 stammen erste, gemeinsame Zeugnisse über die Burg und die Stadt („Erpach Burg und stad").

Der gräfliche Archivrat Karl Morneweg (1856–1935) singt ein Loblied in höchsten Tönen auf Erbach: „Inmitten des lieblichen Mümlingtales liegt verträumt das Kreisstädtchen Erbach. Wer schon jeweils hier weilte, wer die nahe Umgebung kennt, weiß, dass keinem Platz die Auszeichnung ‚Perle des Odenwaldes' mehr zusteht als Erbach mit seinen vielen Resten einer großen Vergangenheit."

Keine Siedlung ist wie die andere, selbst dann nicht, wenn ähnliche oder gar gleiche infrastrukturelle oder funktionale Gemeinsamkeiten bestehen. Es sind ja nicht nur die Gebäude, die das Wesen einer Siedlung ausmachen, sondern auch die Bewohner. Alles zusammen schafft die individuelle, unverkennbare Atmosphäre, das Ambiente, das gewisse Etwas, woraus sich letztendlich der besondere Charme des Ortes ergibt. Was aber ist das Besondere an jener Stadt, die hier zum Thema erhoben wird? Nun, Erbach ist zum einen Kreisstadt und hebt sich dadurch von drei weiteren Städtchen im Odenwaldkreis ab. Auch muss man wissen, dass der heutige Odenwaldkreis nahezu identisch ist mit der ehemaligen Grafschaft Erbach und umgekehrt. Die Klammer hierfür ist und bleibt das Grafenhaus. Daraus ergibt sich ein seltener Dreiklang: Erbach als Kreisstadt, Erbachs alte Grafschaft, dem Erbacher Land, und das Gräfliche Haus derer zu Erbach-Erbach.

Das auf eine Wasserburg des frühen 11. Jahrhunderts zurückgehende Grafenschloss ist in jeder Hinsicht ein Juwel. Denn hinter der imposanten Barockfassade verbergen sich einzigartige Kostbarkeiten. Die einmaligen Sammlungsstücke sind bis heute in ihrem ursprünglichen Zusammenhang vorzufinden. Die wertvollen Exponate dokumentieren als geschlossenes Ganzes deshalb auch bedeutendes historisches Kulturgut.

Ein Alleinstellungsmerkmal Erbachs ist auch sein Wiesenmarkt, der 1802 von Franz I. Graf zu Erbach-Erbach gegründet wurde. Ein Jahr lang dreht sich alles um den Markt, an ihm orientieren sich die Erbacher mit eigener Zeitrechnung. So erstreckt sich das „Erbacher Jahr" vom August des einen bis zum Juli des nächsten Jahres. Dazwischen liegt der zehntägige Wiesenmarkt, die „fünfte Jahreszeit". Nach dieser Zeitmarke im Jahresablauf richtet sich der Erbacher, aber auch der Odenwälder. Er zählt die Tage, die ihm noch vom Fest trennen, viele teilen das Jahr nach dem Markt ein.

Die Erbacher sind in der scherzhaften Sprache des Volkes die „Loarbser". Das ist zweifelsohne ein weiteres Alleinstellungsmerkmal. „Loarbserdeutsch" sprechen alle alteingesessenen Erbacher. Loarbser gurgeln das „r" nur ganz hinten in der Kehle, kratzen diesen Konsonanten sozusagen am Gurgelknöpfchen.

Und noch eine Besonderheit: Was wäre Erbach ohne sein 1966 eingerichtetes Deutsches Elfenbeinmuseum mit den in Europa einzigartigen Sammlungen? Auf eine über 200-jährige Tradition gründet sich dieses Spezialmuseum. Die „Elfenbeinstadt" hat sich inzwischen zum europäischen Zentrum der Elfenbein-Schnitzkunst entwickelt.

Bei allem musealen Angebot und historischem Bewusstsein ist Erbach auch eine lebendige und weltoffene Stadt. Erbach unterhält zahlreiche Partnerschaften im Ausland, pflegt freundschaftliche Verbindungen zu Thüringen und ist Europastadt. Über den Fremdenverkehr werden zahlreiche Kontakte geknüpft und Beziehungen aufgebaut. So ist die Kreisstadt neben ihren administrativen Aufgaben und in Wahrnehmung ihres kulturgeschichtlichen Auftrags auch eine moderne Siedlungsgemeinschaft, deren Wandel im Wesen und Werden in diesem Bildband aufgezeigt wird. Entstanden ist ein öffentliches Fotoalbum, das Erbach beim Durchblättern neue Freunde finden lassen und zugleich Gelegenheit zum Erinnern, Wieder- und Neuentdecken bieten soll.

Mossautal, im Frühjahr 2012
Dr. Peter W. Sattler

1

BLAUES BLUT, ERLAUCHTE HERRSCHAFT

Adel verpflichtet

Schon in der Zeit der staufischen Herrscher erbauten die Herren von Erbach ihre Wasserburg auf einer Mümlinginsel. Sie sicherte eine Furt und einen Geleitweg, zudem standen die Erbacher Herren als Schenken in königlichen Diensten. 1532 wurden die Schenken in den Reichsgrafenstand erhoben, Erbach wurde Residenz. Diese Herrlichkeit dauerte bis 1806, als die Grafschaft dem Großherzogtum Hessen eingegliedert wurde.

Danach begann die eigentliche Geschichte des Landkreises Erbach/Odenwaldkreis. Aus der Tiefburg entstand das Schloss, das 1736 in großem Stil umgebaut wurde und 1900 eine architektonische Neugestaltung erfuhr. Es wird noch heute von der Grafenfamilie bewohnt. Einer ihrer bedeutendsten Ahnen ist Franz I. Graf zu Erbach-Erbach (1754–1823). Er ist der Begründer des Eulbacher Marktes/Erbacher Wiesenmarktes. Auch führte er die Elfenbeinverarbeitung im Odenwald ein und legte die Antikensammlung in seinem Schloss an. Er war ein treusorgender Landesvater.

Auf der Zeichnung von Wilhelm Gerling aus dem Jahr 1927 sieht man das Ende des 18. Jahrhunderts von Graf Franz I. zu Erbach-Erbach (1754–1823) erbaute Jagdschloss auf der Eulbacher Höhe.

Das von Graf Georg Wilhelm zu Erbach-Erbach 1736 erbaute Schloss noch vor seiner barocken Umgestaltung.

Das Schloss bekam 1902 seine barocke Fassade.

Dornröschenidylle im Schlosshof (von links): Alter Bau, Stadtkirchturm, Archivbau und Schloss.

Die Hochzeit von Graf Konrad zu Erbach-Erbach (1881–1940) und Olga Agnes Maria Caroline, geborene Prinzessin zur Lippe, am 5. Juli 1923 mit zahlreichen adeligen und bürgerlichen Persönlichkeiten sowie dem Hofstaat. Die Aufnahme entstand vor dem Schlossportal.

Graf Alexander zu Erbach-Erbach (1891–1952) war ein begeisterter Pferde- und Motorsportler. Außerdem war er aufgeschlossener Wintersportler und führte 1909 den Bobsleigh als neue Sportart in Erbach ein.

Der ehemalige Marstall mit Marktbrunnen. In das barock überformte Gebäude ist das Schlosscafé eingezogen. Die Ansichtskarte datiert von 1942.

Durch einen Torbau gelangt der Besucher in den Schlosshof. Der Blick fällt auf die Rentkammer und den Damenbau.

Der Rittersaal im Schloss ist in seiner Gestaltung als gotischer Kirchenraum einzigartig in Europa.

Die Hirschgalerie wurde von Graf Eberhard XV. zu Erbach-Erbach (1818–1884) eingerichtet. In ihr sind unter anderem 72 kapitale Hirschgeweihe zu bewundern.

Im Schloss gibt es drei Römische Zimmer, die von Graf Franz I. zu Erbach-Erbach (1754–1923) persönlich eingerichtet wurden. Das Foto zeigt das 1. Römische Zimmer mit der Panzerstatue des römischen Kaisers Hadrian.

Franz II. Graf zu Erbach-Erbach und Wartenberg-Roth (geboren 1925) mit Ehefrau Christa (geboren 1947), Verwandten und Bekannten beim Country Fair.

Die Gräfliche Familie anlässlich des 50. Geburtstags von Erbgraf Eberhard XIX. zu Erbach-Erbach (von links): Sohn Graf Konrad (geboren 1991), Ehefrau Alexandra zu Erbach-Erbach, geborene Prinzessin Reuß (geboren 1963), Sohn Graf Georg Albrecht (geboren 1989), Erbgraf Eberhard (geboren 1958) und Tochter Gräfin Felicitas (geboren 1987).

Drei Sterne im Wappen haben sowohl die Grafen zu Erbach als auch die Stadt. Das Stadtwappen verlieh Graf Eberhard XIV. (1511–1564) im Jahr 1560. Deshalb heißt es werbewirksam auch: „Erbach, die Stadt, die drei gute Sterne hat".

Die Büste Alexanders des Großen, bekannt als „Alexander Erbach", wird zeit- und leihweise anderen Museen zur Verfügung gestellt. Dr. Michael Tellenbach (von links), Wolfgang Grantl und die Hessische Staatsministerin für Wissenschaft und Kunst, Eva Kühne-Hörmann, beim Abholen der Büste im Erbacher Schloss.

Die Hubertuskapelle im Schloss aus dem Jahr 1873 richtete Graf Eberhard XV. (1818–1848) ein. Der dort aufgestellte spätgotische Flügelaltar (Retabel), der sogenannte Schöllenbacher Altar, stammt aus dem Jahr 1515. Gästeführerin Gisela Külper bei einer ihrer Führungen.

Gisela Külper führt als Gouvernante Elisabeth vom Berg „ihre Prinzessinnen" durch die Räume des Schlosses.

Das Grafenschloss zu Erbach gibt immer eine prächtige Kulisse ab – nicht nur zu Zeiten des Wiesenmarktes. 2005 kaufte das Land Hessen das Hauptgebäude des Schlosses an.

Die Schloss-Weihnacht, früher Altdeutscher Weihnachtsmarkt, zieht immer zahlreiche Besucher aus nah und fern an.

2

HINTER DEM BERG LEBEN AUCH MENSCHEN

Ohne Fleiß kein Preis

Die Kreisstadt Erbach ist nicht nur wegen des Landratsamtes Metropole dieser Gebiets-körperschaft, sondern auch Sitz zahlreicher sozialer, wirtschaftlicher und kultureller Ein-richtungen. Das Kreiskrankenhaus mit Kreisalten- und Pflegeheim wurde zum modernen Gesundheitszentrum ausgebaut. Weitere sieben Altenpflegeheime sind vorhanden. Darüber hinaus stehen 30 Beratungsstellen und über 20 Ärzte sowie fünf Zahnärzte zur Verfügung. Die Infrastruktur weist ferner zehn Kindergärten, fünf Schulen, außerdem vier weitere Bil-dungsanstalten, die Akademie für lebenslanges Lernen – Volkshochschule Odenwaldkreis, eine Jugendherberge und ein solarbeheiztes Freizeit- und Familienbad, das Alexanderbad, auf. Neben zahlreichen Institutionen und Organisationen wie DRK, Caritas und Arbeitsagentur unterhält Erbach den Verein Lebenshilfe und den Zweckverband Zentrum Gemeinschafts-hilfe. Ferner gibt es zwei Geldinstitute, eine Polizeidirektion und zehn freiwillige Feuer-wehren. Das gesellschaftliche Leben gestalten rund 160 Vereine mit.

Panorama von Erbach. Zeichnung von R. Sperber, Stahlstich von E. Höfer aus dem Jahr 1840.

Das älteste Foto von Erbach, vom Schöllenberg aus aufgenommen.

Die Erbacher Vorstadt mit Blick auf das katholische Pfarrhaus, Pfarrkirche und die ehemalige Sparkasse (rechts), um 1920.

Vom Schöllenberg aus sah man auf das 1903 eingeweihte, ehemalige Kreiskrankenhaus (rechts) und den 1906 erbauten Bier- und Eiskeller (links). Die Ansichtskarte entstand kurz darauf.

Ein weiterer Blick vom Schöllenberg zeigt die Entstehung von Dr. Lothar Mertens' Senioren-residenz Residenz Erbach, Alfred-Kehrer-Straße 1, an der Stelle der abgerissenen Brauerei Wörner.

Eine ursprünglich kolorierte Ansichtskarte zeigt eine Partie an der Mümling mit Sicht auf die Stadtbrücke, die Stadtkirche und den Bergfried.

Die Mümling von der Werner-von-Siemens-Straße aus.

Partie an der Mümling, Blick vom Mümlingknie auf die längst abgebrochenen Häuser in der heutigen Werner-von-Siemens-Straße.

Mümlingidylle auf einer ehemals kolorierten Ansichtskarte. Sie ist eine der ältesten Postkarten Erbachs.

Die Schlossbrücke mit Altem Rathaus, dahinter wird der Stadtkirchturm sichtbar.

„Klein-Venedig" in Erbach: die Schlossbrücke mümlingabwärts; das Alte Rathaus, das Heimsche Haus (links) sowie die Häuser Küchler, Müller, Völker und Pflanz. Hier steht heute das
Haus Steibert (rechts).

Die Stadtkirche und der Bergfried im Winter, vom Abzweig Hauptstraße/Brückenstraße aus gesehen.

Im Städtel sieht man von links das Schwenksche Haus, ehemaliges Haus der Echter von Mespelbrunn und Tempelhaus. Das Fachwerkhaus daneben ist abgetragen. Hier steht heute ein 1991 umgesetztes Fachwerkgebäude aus Dornheim im Ried.

Diese Ansichtspostkarte trägt den Schriftzug „Habermannsburg u. Tempelhaus". Die Habermannsburg ist allerdings nicht auf dem Foto sichtbar. Stattdessen zeigen sich von links das Tempelhaus, der Stadtkirchturm und der Wehrturm des Burgmannenhauses der Familie Pavey, Erbachs „Schiefer Turm von Pisa".

Blick vom Städtel auf den Städtelbogen mit dem historischen Gasthaus „Zum Bären", dessen Räume die Evangelische Stadtkirchengemeinde derzeit nutzt.

In der Hauptstraße sieht man die heutige Bärenapotheke, das frühere Papiergeschäft Mader, sowie Haus Platt, heute Markthalle Merkel. Auch das folgende, angeschnittene Haus gehört zum Anwesen der heutigen Markthalle (von links). Das Foto entstand um 1956.

Das Haus der Metzgerei Küchler vor dem Abbruch im Fachwerkskelett, heute Anwesen Steibert; dahinter der Turm der Stadtkirche.

Die Brauerei Wörner & Söhne vor dem Abriss in der Alfred-Kehrer-Straße. Schon 1896 entstand hier ein Eis- und Gärkeller. 1914/15 wurde ein Eismaschinenhaus angebaut. Nach dem Abriss der Gebäude entstand an dieser Stelle die Seniorenresidenz Residenz Erbach von Dr. Lothar Mertens.

Die Seniorenresidenz in der Alfred-Kehrer-Straße 1 im Rohbau an der Stelle der ehemaligen Brauerei Wörner & Söhne.

Das Kriegerdenkmal von 1870/71 an seinem ersten Standort in der Marktplatzanlage. Der Adler wurde zur Materialsammlung im Zweiten Weltkrieg abgeliefert. Heute steht das Denkmal auf dem Friedhof.

Das Kurhaus Marbach von J. Batt, im Volksmund „Das unnötige Gasthaus". Es ist längst der Spitzhacke zum Opfer gefallen. Die ursprünglich farbige Ansichtskarte datiert von 1926.

Am Backhaus beim Buckelschuster in Ebersberg. Dieser Stadtteil Erbachs ist mit 250 Einwohnern der kleinste und der am weitesten nördlich gelegene.

Einweihung des Wasserhochbehälters in Ebersberg im Jahr 1906.

Im Hof des Gastwirtes Olt (links) vor seinem Haus auf dem Brunnenkopf in Ebersberg.

Stallbau beim Gastwirt Olt.

Motorisierte Dorfjugend in Ebersberg.

Altes Wohnstallhaus in Erlenbach, ein sogenanntes Einhaus, mit Wohnraum, Stall und Scheuer unter einem Dach. Es ist das ehemalige Wirtshaus am Bullauer Bild.

Hausschlachtung in Erlenbach bei Familie Müller; das Foto wurde um 1925 geschossen.

Das Haus der Familie Ripper, „ins Bechtold-Schreiners" in Günterfürst.

Die dreiteilige Postkarte zeigt den „Gruß aus Günterfürst" mit Panorama, Kriegerdenkmal und Kolonialwarenhandlung Miltenberger.

Die Gastwirtschaft „Zum Deutschen Haus" der Familie Damm („es Auguste"), rechts daneben die ehemalige Bürgermeisterei mit Bürgermeister Jakob Damm und Tochter Elise. Bürgermeister Damm war von 1956 bis 1971 für Günterfürst und Elsbach im Amt.

Postkarte mit dem Aufdruck „Gruß aus Lauerbach bei Erbach". Seit 1972 ist dieses Dorf mit der Kreisstadt Erbach eingemeindet. Lauerbach hat 400 Einwohner und ist wie die übrigen Stadtteile ländlich geprägt. Die Ansichtskarte datiert vom 12. April 1940.

Panorama von Schönnen, Ansichtskarte des Gasthauses „Zum Eck" der Familie Heilmann. Dieser Stadtteil hat 320 Einwohner und zählt damit zu den kleinsten Siedlungen der Kreisstadt.

Auch diese vierteilige Postkarte stammt vom Gasthaus „Zum Eck" in Schönnen. Die weiten Wald- und Feldfluren kennzeichnen die vorwiegend ländliche Siedlung.

Schönnen hatte drei Gaststätten, von denen das Gasthaus von Leonhard Hering kürzlich schloss. Die zweiteilige Postkarte zeigt Schönnen in der Totale sowie das Gasthaus „Hering".

3

HINTEN IM ODENWALD

Von wegen Hinterwald und Provinz

Trotz der geografischen und wirtschaftlichen Randlage Erbachs entwickelten sich Handwerk, Handel und Gewerbe stets weiter und passten sich den immer wieder neuen Herausforderungen an. Nach dem regionalen Raumordnungsplan ist Erbach und sein Umland als „ländlicher Raum" ausgewiesen. Der Reichtum Erbachs liegt deshalb seit jeher in Wald, Wasser und der landwirtschaftlichen Nutzungsfläche begründet. Die Wasserkraft wurde schon früh für den Mühlenbetrieb genutzt, was sich später die Leinen-, Baumwoll-, Tuch- und Papierfabrikation sowie die Sägewerke nutzbar machten. Hier erfanden die Brüder Louis und Moritz Illig 1806 das Leimen des Papiers. Es gab eine Schuhfabrik, mehrere Brauereien und Brennereien. Aus den Pfeifenfabriken und Holzdrehereien entwickelte sich das heute noch ausgeübte Elfenbeinhandwerk. Der Sprung zur industriellen Fertigung war dann nicht mehr weit. Die Firmen Bosch-Rexroth, Rowenta und Koziol beispielsweise sind solche Nachfolgeindustrien mit Weltgeltung. Koziol ist Europas größte Spezialfabrik für Kunststofferzeugnisse.

Der ehemalige Lindenplatz im Einmündungsbereich Brückenstraße/Am Schlossgraben. Im Hintergrund entdeckt man von links das Tempelhaus, den Stadtkirchturm und den Wehrturm, dahinter die Turmspitze des Bergfrieds. Die Zeichnung entstand 1915.

Erbach hat eine Fläche von rund 63 Quadratkilometern, die vor allem von Wald (60 Prozent) oder landwirtschaftlicher Nutzfläche (30 Prozent) bedeckt sind. Es gibt nur noch wenige Vollandwirte. Meistens wird die Landwirtschaft nur noch als Nebenberuf ausgeübt. Das Foto zeigt den Elfenbeinschnitzer Leonhard Horn 1950 bei der Heuernte in Lauerbach.

Johann Horn aus Lauerbach lädt Getreidegarben auf seinem Pferdewagen. Nur wenige junge Leute wissen, aus welchen Einzelteilen ein Erntewagen besteht. Das Foto entstand 1960.

Das Zersägen des Brennholzes mit der Holzschneidmaschine besorgten vorwiegend die Brüder Kolmer vom „Neudörfel". Das Foto zeigt Karl Kolmer bei der Arbeit.

Georg Nicklaus aus Schönnen arbeitet mit der Schnell-Laufsäge, die von einem Traktor angetrieben wird. Seine Ehefrau Helga hilft ihm dabei.

Die „Waldschenke" der Familien Bonin auf der Haisterbacher Seite an der heutigen B 45. Die Gaststätte brannte ab und wurde auf der gegenüberliegenden Talseite der Mümling wieder aufgebaut. Das Foto entstand 1906.

Die Gastwirtschaft von Georg Heilmann in Schönnen an der Ecke Schönnemer Straße (B 45) und Hohenbugstraße in den Zwanzigerjahren.

Eine historische Aufnahme des Gasthauses „Zum grünen Baum" der Familie Fickelscher in der Bullauer Straße in Erlenbach.

Die frühere Gaststätte Daum „Zum Schöllenberg" am Abzweig Mossauer Straße/Am Brühl.

Johann Stellwag auf der Schlossbrücke mit Spielkameraden und Hund, um 1910. Das Fachwerk des Gebäudes „Bierbrauerei & Gastwirtschaft M. Wörner" liegt unter Putz.

Die Brauereigaststätte „Wörner & Söhne" in der Jahnstraße 1, heute Brauereiausschank, ist vom Putz befreit und zeigt ihr hübsches Fachwerk. Die Ansicht des Gebäudes hat sich bis heute nicht verändert, wie die historische Aufnahme zeigt.

Der alte Bier-Lagerkeller des Erbacher Brauhauses in der Alfred-Kehrer-Straße steht schon lange nicht mehr. Es war einst ein das Stadtbild prägendes Gebäude.

In den Jahren 1920/21 wurde das neue Sudhaus in der Alfred-Kehrer-Straße an den bereits vorhandenen Bier-Lagerkeller angebaut, das einst von der Jahnstraße 1 am Marktplatz an seinen neuen Standort verlegt wurde.

Eine rechts gelenkte, motorisierte Bier-
kutsche des Erbacher Brauhauses mit
Fahrer und Beifahrer; einer der ersten
Lkw der Brauerei Wörner & Söhne.

„Gruß aus dem Mohren-Lande" nannte die „Wasser-Mohr" genannte Firma Mohr ihren
Motivwagen beim Fastnachtsumzug in Erbach in den Dreißigerjahren. Heute gehört Gerhard und Peter Kauer die Firma „Getränke-Mohr – Der Weinladen".

Peter Mohr, der Gründer der Firma Getränke-Mohr, vormals „Wasser-Mohr", stellte ab 1935 Tafelwasser und Limonaden her. Das Foto zeigt Adele Ehrhard, geborene Mohr, an der im Jahr 1959 modernisierten Abfüllanlage.

Der Familien-Klan Mohr (von links): Margarete, geborene Mohr; Heinrich Mohr; Johann Mohr; Jakob Mohr; Christine, geborene Mohr; sitzend: Margarete Barbara Mohr (geborene Walther) und Johann David Mohr, Peter Mohr, genannt „Wasser-Mohr".

„Erfrischungshalle – Buch- und Zucker-waren – Obst – Gefrorenes – Sprudel – Eis" heißt es am Kiosk der Familie Mohr, genannt „Eis-Mohr". Das Verkaufshäuschen stand dort, wo der Rundbau in der Hauptstraße 56 gegenüber dem „Schützenhof" steht. Zu sehen sind Marie-Luise Mohr (links) und Freundin Franziska Fries.

Der ehemalige Kiosk am Marktplatz stand neben dem Kriegerdenkmal von 1870/71. Heute befindet sich ein Kiosk am Alten Rathaus gegenüber. Im Hintergrund das Erbacher Brauhaus, der heutige Brauereiausschank.

Einer der ersten Bestatter mit einem Auto war Schreinermeister Ludwig Schweikert (rechts) in der Neckarstraße.

Schreinermeister Ludwig Schweikert und Sohn Eberhard mit ihrem DKW „Meisterklasse" in der Neckarstraße.

Die Alte Lohmühle im Dorf-Erbach. Die Erbauung dieser Mühle ist 1783 in einem Gewände-stein inschriftlich bezeugt.

Das Wehr in der Mümling für die ehe-malige Schlossmühle am Marktplatz ist heute noch erhalten.

Eine historische Aufnahme von Ebersbergers Kindern am Mühlrad in der Marbach bei Ebersberg.

Die Mühle in Schönnen wird schon mit der Ersterwähnung des Dorfes im Jahr 1290 genannt. Das Foto zeigt die Front des Hauses der Familien Grenz mit Mühlrad zur Talseite um 1910.

Das Haus Marbach, Zum Viadukt 51, ein sogenanntes Zeppelinhaus, das der Familie von Jasmund gehört.

Noch ein Zeppelinhaus ist das ehemalige Wasserwerk der HEAG in Schönnen.

Erlenbacher Steinbrucharbeiter in den Zwanzigerjahren. Zur harten Steinbrucharbeit wurden Arbeitslose, gleich welcher Berufe, vom Arbeitsamt verpflichtet.

Sägewerk und Gasthof „Seibert" an der alten Chaussee, heute B 45. Die Damfschneiderei Seibert & Söhne beschäftigte um 1900 immerhin 30 Arbeiter. Die Firma wurde 1866 gegründet und konnte 1991 das Jubiläum ihres 125-jährigen Bestehens feiern.

Das ehemalige Fabrikgebäude der Firma Joseph Kolmer KG („Knopf-Kolmer") in Lauerbach, im Vordergrund eine ausgediente Straßenwalze. Zeitweise produzierte in diesem heute
ruinösen Gebäude unter anderem eine Kunststofffabrik. Die Firma Joseph Kolmer KG wurde
1854 gegründet und nannte sich Erbacher Elfenbein-, Beinwaren und Knopffabrik.

In der Werkstatt der Firma Knopf-Kolmer in der Neckarstraße zwischen Lauerbach und Schönnen. Von dort war sie in den Fünfzigerjahren in das Neubaugebiet zwischen der Kernstadt und
Stockheim umgezogen. Die aus einer Elfenbeinschnitzerei hervorgegangene Firma produziert
nicht mehr.

Die Pappenfabrik Glenz in der Neckarstraße 157 zwischen Lauerbach und Schönnen stellte ihre Produktion ebenfalls schon lange ein.

Ein noch relativ junger Betrieb ist die Mechanische Werkstätte der Adolf Giess GmbH in Schönnen. Die Firma baut Apparate beispielsweise für Kunststoffe und Gummi, Lebens- und Genussmittel sowie für die chemische Industrie.

In der Jahnstraße 18 in der Kernstadt Erbach gründete die Familie Scior 1840 eine Weinbrennerei, Likör- und Essigfabrik. Hieran erinnert noch ein Firmenschild über dem Eingangsportal. Heute wird auf diesem Anwesen wieder ein edles Tröpfchen gebrannt.

Wagnermeister Peter Löw in der Neckarstraße verstand sich auf den Bau von Schausteller-Wohnwagen für Aussteller auf dem Erbacher Wiesenmarkt. 1942 erlosch die Firma. Das Foto zeigt (von links) Peter Löw, Nachfolger Jakob Löw und zwei weitere Söhne.

4

WEISSES GOLD UND GLITZERSTEINE

Kunsthandwerkliche Kostbarkeiten

Graf Franz I. zu Erbach-Erbach (1754–1823) leitete wirtschaftliche Entwicklungen ein, die bis heute noch erhalten sind. Dazu zählten die Elfenbeinschnitzerei und -dreherei. Er selbst wurde 1783 Obermeister der Erbacher Holz- und Elfenbeinschnitzer. Wer Holz schnitzen und Horn drehen kann, der kann auch mit Elfenbein umgehen, so seine Überzeugung. Geschick, Fleiß und Wasserkraft für Fräsen, Schleifen und Drehmaschinen waren die Voraussetzungen für das Handwerk der Elfenbeinschnitzkunst und der Diamantschleifereien in Erbach und Umgebung, das hier zu hoher Blüte führte. Seit 1844 wurde die handwerkliche Ausbildung der Elfenbeinschnitzer mit Unterricht in einer Sonntagszeichenschule begleitet. 1892 wurde in Erbach eine Fachschule für Elfenbeinschnitzerei und verwandte Gewerbe gegründet, 1892 kam die erste Diamantschleiferei hierher. Ihr Gründer war Heinrich Golde aus Hanau. 1924 waren vier Schleifereien vollbeschäftigt.

1959 gab es noch 30 Diamantschleifer in Erbach, der letzte Betrieb gehörte Heinrich Walther.

In der um 1925 entstandenen Zeichnung von Wilhelm Gerling sieht man das Rathaus sowie das Heimsche Haus an der Mümling (links).

Erbach ist die Elfenbeinstadt. Dies verdankt die Stadt Graf Franz I. zu Erbach-Erbach (1754–1823), der die Elfenbeinbearbeitung einführte. Heute wird wegen des Artenschutzgesetzes hauptsächlich Horn, Bein und Mammut verarbeitet. Das Foto zeigt die Elfenbeinschnitzerei Gebr. Reichert im Jahr 1923.

Die Belegschaft Odenwälder Elfenbeinschnitzer in der Jahnstraße, damals Lange Gasse. Das Foto ist datiert vom 17. Juli 1933.

Nochmals die Belegschaft Odenwälder Elfenbeinschnitzer, laut Tafelaufschrift am 1. Mai 1934.

Odenwälder Elfenbeinschnitzer GmbH bei einem Umzug. Man sieht von unten links das Haus von Bürgermeister Wilhelm Dengler (1889–1951), die Halle von Stegmüller (Dung-Lager), den später zerbombten Kindergarten und oben das Gebäude des späteren Cafés „Keefer" in der Neckarstraße. Die Werkstatt der Odenwälder Elfenbeinschnitzerei befand sich in der Schillerstraße.

„Kunst im Odenwald Elfenbein-Schmuck" heißt es auf dieser mehrteiligen Postkarte, die für das Elfenbeinhandwerk in Erbach wirbt

Landwirtschaftsminister Hermann Höcherl (1912–1989) beim Besuch im Elfenbeinmuseum, sitzend Adam Egner als Schauschnitzer, dazwischen Hausmeister Hans Weyrauch sowie rechts Werner Borchers (1922–1987), Erbachs Bürgermeister von 1960 bis 1987.

Noch vor dem Artenschutzgesetz ein-
gekauftes Elfenbein im Lager von Stoß-
zähnen im Elfenbeinmuseum.

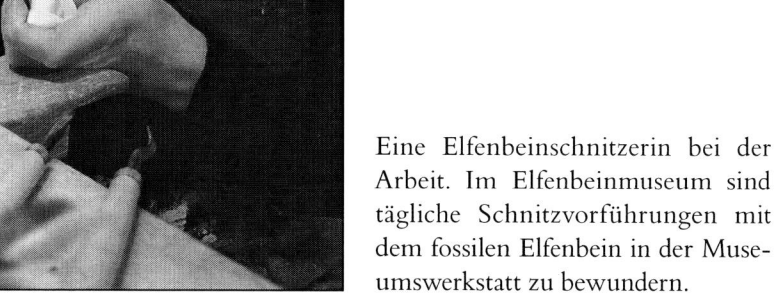

Eine Elfenbeinschnitzerin bei der
Arbeit. Im Elfenbeinmuseum sind
tägliche Schnitzvorführungen mit
dem fossilen Elfenbein in der Muse-
umswerkstatt zu bewundern.

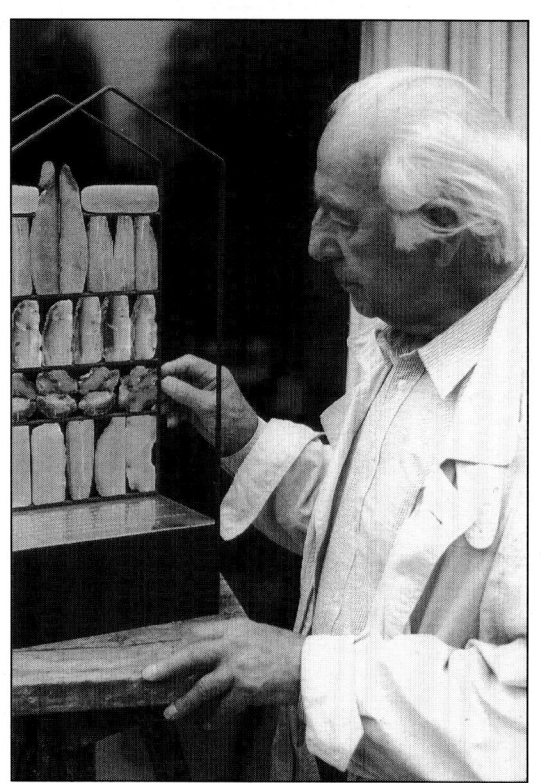

Im Deutschen Elfenbeinmuseum werden regelmäßig Sonderausstellungen gezeigt. Eine hieß „Jan Holschuh – Bernstein '89". Das Foto zeigt den Bildhauer Jan Holschuh (1909–2000) im Atelier mit seinem Kunstwerk aus Elfenbein „Das Haus".

Elfenbeinschnitzer Wilhelm Wegel (1913–2000) mit Mitarbeitern in seiner Werkstatt.

Wilhelm Wegel war nicht nur Elfenbeinschnitzer, sondern auch Urheber seines Kunsthandwerks, in dem er zahlreichen Nachwuchs mit großem Erfolg ausbildete.

Die Elfenbeindreherei geht in Erbach auf die Achtzigerjahre des 19. Jahrhunderts zurück. Der „Elfenbeingraf" Franz I. zu Erbach-Erbach (1754–1823), seit 1783 Obermeister der Holz- und Elfenbeinschnitzer, drechselte mehrere Schmuck- und Tabakdosen, die unter anderem in den gräflichen Sammlungen des Schlosses zu sehen sind.

Der Altmeister der Elfenbeinschnitzer und Bildhauer war Otto Glenz (1865–1948), hier in seinem Erbacher Atelier.

Die Skulptur „Freundinnen" von Elfenscheinschnitzer und Bildhauer Albrecht Glenz (1907–1990), Sohn von Otto Glenz.

Ein Verkaufsschlager der „guten alten Zeit" war die „Handbrosche" des Erbacher Elfenbeinschnitzers und Bildhauers Johann Philipp Willmann (1846–1910).

Auch das Rosenmotiv von Elfenbeinschnitzer Friedrich Hartmann (1822–1898) wurde ein
Verkaufsschlager für die Odenwälder Schnitzer. Auf der Welt-
ausstellung in Wien 1873 fand
die als „Erbacher Rose" bekannt
gewordene Solitärrose höchste
Bewunderung und brachte der
Zunft eine Große Verdienst-
medaille ein. Die „Erbacher
Rose" ging um die Welt.

Otto Glenz (1865–1948), der Altmeister der Schnitzerzunft, war ein würdiger Vertreter seiner Zunft. Er ist wohl der bekannteste, in Erbach geborene und dort auch verstorbene Schnitzer und Bildhauer. Weithin gerühmt sind die „Große Badende", „Venus und Amor" und die hier gezeigten Figuren „Zwei tanzende Engel", die um 1900 aus Elfenbein und Holz entstanden.

Von Jan Holschuh (1909–2000) gingen interessante Anregungen zur Gestaltung moderner Sport- und Tanzturnierpreise in Elfenbein in Verbindung mit anderen Materialien aus, die von der Stadt Erbach vergeben wurden. Arbeiten von ihm brachten den Bayerischen Staatspreis nach Erbach. Das Foto zeigt seine berühmte „Bergpredigt".

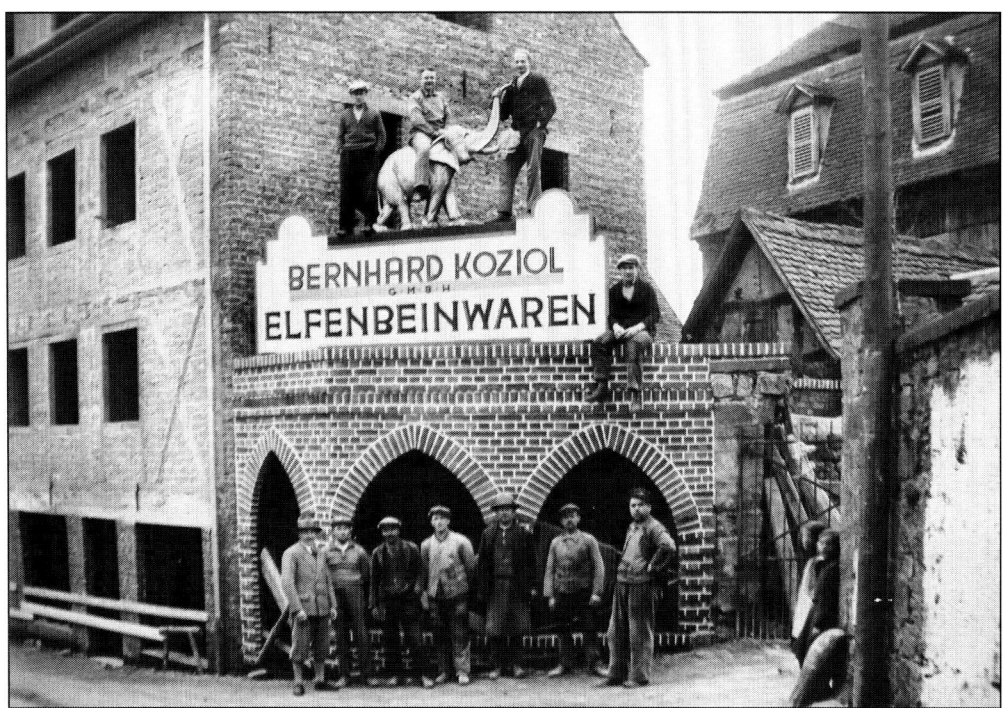

In Erbach begann Bernhard Koziol 1934 mit der Produktion von Schmuckmotiven in Spritz-guss. Im selben Jahr stellte sein Betrieb als erste Odenwälder Elfenbeinschnitzerei auf der Leipziger Messe aus. Das erste Domizil fand die Firma Bernhard Koziol GmbH Elfenbein-waren auf einem Anwesen Ecke Bahnstraße/Illigstraße.

Als Nachfolgebetrieb der Elfenbeinschnitzerei verarbeitet die Firma Knut Tempel im Gewer-bepark Gräsig Bein, Ebenholz und Buchs-baum für hochwertige Musikinstrumente. Das Foto zeigt den Kunsthandwerker bei der Arbeit, Geigenbauermeister Oliver Radtke aus Füssen steht ihm mit Rat und Tat zur Seite.

Die aus Hanau stammende Diamantschleiferei J.J. Ginsberg schuf zahlreiche Ausbildungsplätze im ersten Viertel des vorigen Jahrhunderts. Die Firma befand sich in den Räumen des Elektrizitätswerks in der Neckarstraße nahe Lauerbach. Das Foto ist das älteste eines solchen Betriebes in Erbach.

Diamantschleifer bei der Arbeit, um 1950. Der Betrieb in Günterfürst wurde um 1920 gegründet. Heute befindet sich in den Räumen in der Haisterbacher Straße 13 Bernhard Röcks Mammutschnitzerei.

In der Diamantschleiferei in Günterfürst waren rund 30 Männer beschäftigt. Der Betrieb gehörte Kaufmann Jakobi aus Hanau. Das Gruppenfoto zeigt die Arbeiter vor ihrer Werkstatt um 1950. Der Hanauer Kaufmann Heinrich Golde richtete in einer ehemaligen Tuchweberei in Lauerbach im Jahr 1892 die erste Diamantschleiferei des Odenwaldes ein.

Diamantschleifscheibe mit aufgesetztem Diamant. 57 Flächen werden auf einem stecknadelgroßen Brillanten geschliffen, um aus einem Diamanten einen Brillanten werden zu lassen.

Diamantschleifer bei der Arbeit, um 1950. Die Diamantschleiferei wurde ausschließlich von Männern ausgeübt.

Heinz Walther und Jakob Heilmann beim Schleifen eines Diamanten, etwa 1970. Die Diamantschleiferei Walther war die letzte Schleiferei in Erbach und im Odenwald.

5

AM ANFANG WAR DAS WORT

Wie der Herr, so das Volk

Die Mutterkirche für Erbach war im frühen Mittelalter Michelstadt. Erst 1370 stiftete Schenk Eberhard VIII. seinen Erbachern im Städtel eine Kapelle. Graf Georg Wilhelm zu Erbach-Erbach (1686–1757) ließ an derselben Stelle 1750 eine größere Kirche bauen, die heutige Stadtkirche der Evangelisch-Lutherischen Kirchengemeinde mit derzeit drei Pfarrämtern. Durch die Einführung der Reformation im Jahr 1560 ging die Kirchenhoheit auf den evangelisch gewordenen Landesherrn, den Grafen zu Erbach, über. Seit dieser Zeit ist das Erbacher Land vorwiegend evangelisch. In Erbach gibt es sieben christliche Gemeinschaften, dazu kommt noch eine in Bullau-Schöllenbach. Die Katholische Pfarrkirche St. Sophia in der Hauptstraße 40 wurde 1842/43 erbaut. Eine historisch interessante Kirche mit noch spätromanischer Choranlage steht im Stadtteil Bullau. Die Friedhofskapellen in Erbach und bei Lauerbach von 1590 bzw. 1616 sind ebenfalls historisch bedeutsame Bauwerke.

Der Stadtkirchturm ist eines der Wahrzeichen Erbachs. Er überragt Schloss, Schlosswache und Altes Rathaus. Die Zeichnung stammt von Wilhelm Gerling aus dem Jahr 1927.

Die Stadtkirche von der unteren Hauptstraße in Höhe der Kettenschule, daneben rechts die Metzgerei Ludwig Glenz. Beide Gebäude sind zur Verbreiterung der Straße und wegen Baufälligkeit der Schule abgerissen worden.

Die Stadtkirche vom Pfarrgässel. Auch hier hat sich das Bild im Vergleich zu heute völlig geändert.

„Partie an der evangelischen Kirche" heißt es auf dieser Ansichtskarte. Der Blick geht über die Stadtbrücke, den Abzweig Hauptstraße/Brückenstraße zur Stadtkirche. Die Bootsfahrt auf der Mümling gehört der Vergangenheit an.

1960 wurde der Turm der Stadtkirche bis auf das um den Turm herumreichende Gitterwerk aus Eisen abgetragen.

Eberhard XVIII. Graf zu Erbach-Erbach (1923–1943, links) und Franz II. Graf zu Erbach-Erbach (geboren 1925) wurden am zweiten Pfingsttag 1938 zusammen in der Hubertuskapelle konfirmiert. Graf Eberhard hatte sich als Konfirmationsspruch gewünscht: „Ich aber und mein Haus wollen dem Herrn dienen", getreu dem Wahlspruch: „Omnia cum deo, et nihil sine eo".

Konfirmation von Margarete Mohr mit ihren Eltern Peter und Adele Mohr im Jahr 1937.

Die Schlosstreppe ist für die Konfirmationsjahrgänge ein beliebter Aufstellungsort für Gruppenfotos. So auch für diesen Konfirmandenjahrgang am 25. März 1956. Die Pfarrer Werner Kessel, Pfarrbezirk Süd (rechts) und Kurt Waldeck, Pfarrbezirk Nord, waren die Konfirmatoren. Damals gab es nur zwei Pfarrbezirke, heute sind es hingegen drei.

Und wieder ein Konfirmandenjahrgang (1945/46) auf der Schlosstreppe, diesmal fand die Konfirmation am 26. März 1961 statt. Die Geistlichen sind Pfarrer Kurt Waldeck (links außen), Pfarrer Werner Kessel (rechts oben) und Diakon Siegfried Dreistein (rechts unten).

Konfirmationsjubiläum der Siebzigjährigen, die 1894/95 geboren wurden, im Jahr 1965. Auch Erbachs Altbürgermeister Leonhard Volk (1894–1971) gehört zu den Jubilaren (vorne Mitte).

Goldene Konfirmation 1986. Auch diese Generation versammelte sich wieder auf der Treppe vor dem Portal des Schlosses.

Goldene Konfirmation 1987/88 – wieder gab es ein Stelldichein auf der Schlosstreppe. Zum Evangelischen Kirchspiel der Stadtkirchengemeinde gehören die Ortsbezirke Dorf-Erbach, Ebersberg, Elsbach, Erbuch, Erlenbach, Ernsbach, Günterfürst, Haisterbach, Lauerbach und Schönnen.

Im Dienst der Kirche: Der 1906 gegründete Evangelische Posaunenchor Erbach im Jubiläumsjahr 2006. Wo? Natürlich auf der Schlosstreppe.

Der Evangelische Posaunenchor im Gründungsjahr 1906.

Die Lauerbacher Dorfkapelle ist einer der wichtigsten Kulturträger Erbachs und weit über die Grenzen der Kreisstadt hinaus bekannt. 2010 feierte die Kapelle ihr 45. Jubiläum.

Überführung der 1529 gegossenen und 1957 in Graf-Franz I.-Glocke umgewidmeten Veltins-Glocke vom Alten Rathaus zur Lauerbacher Gottesackerkapelle aus dem Jahr 1616. Die Kutsche fuhr im März 2009 von der Stadtkirche in Erbach ab. Hier sieht man von links Karl-Heinz Spatz, Stephan Seidel, Wolfgang Walther und Peter Hermann.

Die Veltins-Glocke kam in die alte Gottesacker-Kapelle von 1616 auf dem Friedhof über Lauerbach. Die Glocke wird jeweils am 25. Oktober und 8. März, zum Geburtstag und Todestag des Grafen Franz I. zu Erbach-Erbach, geläutet. Hier sind von links Peter Hermann, Stephan Seidel, Wolfgang Walther und Ludwig Stellwag zu sehen.

Fronleichnam-Prozession der Katholischen Pfarrgemeinde St. Sophia Erbach im Jahr 1948.

Prozession der Pfarrgemeinde St. Sophia Erbach an Fronleichnam im Jahr 2011.

6

WAS HÄNSCHEN NICHT LERNT ...

Die Schule des Lebens

Die erste Erbacher Schule wurde um 1540 gegründet. Sie ist damit eine der ältesten Schulen im Odenwald. 1581 war sie eine reine Lateinschule. Ursprünglich gab es zu diesem Zeitpunkt nur Winterschulen. Ab 1806 wurde auch im Sommer Unterricht erteilt und die Schulpflicht eingeführt. 1792/96 wurde die Schule in der Vorstadt neu gebaut, die ehemalige Kettenschule befand sich in der Hauptstraße und wurde 1967 abgebrochen. 1914 entstand die Schule am Treppenweg in der Martin-Luther-Straße. 1969 wurde die Schule am Sportpark als Haupt- und Realschule erbaut. Unweit davon stehen die 1988 bezogene Schule am Drachenfeld, eine Schule für praktisch Bildbare und die 2002 gegründete Astrid-Lindgren-Schule. 1838 wurde eine katholische Schule in der Martin-Luther-Straße erbaut, die vor wenigen Jahren abgerissen wurde. Schon 1817 gab es eine Industrieschule, eine Arbeitsschule für Mädchen, die sogenannte Strickschule. Erbach war mit seiner 1919 eingerichteten Realschulklasse Vorbild im Odenwald. Daneben gab es eine Fortbildungsschule, die spätere Berufsschule.

Die im Jahr 1927 angefertigte Zeichnung von Wilhelm Gerling zeigt die ehemalige Schloss-mühle mit Blick vom Lustgarten über die Mümling. Das Wehr und das mehrfach erneuerte Mühlrad sind noch erhalten.

Das alte Schulhaus am Geisbergweg in Haisterbach, erbaut 1835, diente von diesem Zeitpunkt an bis 1928 als Schule und später, bis 1972, als Mietshaus. Bis 1857 besuchten auch die Haisterbacher Kinder diese Schule. Die Elsbacher Kinder gingen bis 1938 in Günterfürst in die Schule. Heute ist das Gebäude zu einem schmucken Dorfgemeinschaftshaus ausgebaut.

Vor dem ehemaligen Schulhaus, dem heutigen Dorfgemeinschaftshaus, stand früher eine Milchpritsche, auf der die Milchkannen der Bauern für das Milchfuhrwerk abgestellt waren. Der Schäferkarren dahinter stammt vom Anwesen Fay. Zuletzt wurde er vom Schäfer dieses Hofes, Fritz Lieb, benutzt. In Haisterbach gab es früher drei Schafherden mit jeweils etwa 200 Tieren.

Ebersberger Schulkinder bei der Glockenweihe ihres Schulhauses.

Eine Schulklasse in Dorf-Erbach um 1935 mit ihren Lehrern Scheuermann (links) und Gölz.

Eine Schulklasse in Schönnen im Jahr 1935.

Vermerk zu diesem Bild im Familienalbum der Familie Wilhelm Grenz, Schönnen: „Marie-
chen in erster Schulklasse".

Das dritte Schuljahr der Volksschule Erbach, heute Schule am Treppenweg, etwa 1925.

Kindergartenkinder aus Günterfürst und Haisterbach mit Fräulein Anneliese Tete im Jahr 1937. Der Kindergarten befand sich im Haus Sattler („Wirts") im Saalanbau.

Eine Schulklasse in Erlenbach mit Lehrer Hausner, um 1936.

Günterfürster und Elsbacher Schulkinder mit Lehrer Blohs im Jahr 1933 in der Günterfürster Volksschule.

Einschulung von Eberhard Schweikert,
Erbach am 19. April 1955.

Einschulung von Karola Schweikert,
Erbach: „Mein erster Schultag" am 2.
Mai 1957.

Schüler der einklassigen Volksschule in Schönnen mit der Lehrerfamilie Philipp Adlof, Ehefrau, Kind und Mutter, um 1938.

Die acht Klassen der Haisterbacher Schule im Jahr 1959 mit Lehrer Wilhelm Greim.

7

SCHÖPFERISCHE CHARAKTERKÖPFE

Bildhauer, Maler und Poeten

Für Erbach ist die Einführung der Elfenbeinschnitzerei und -kunstdrechslerei eine Quelle des Wohlstands geworden. Der ergiebige Wirtschaftszweig führte zu neuen Verdienstmöglichkeiten. Neben dem Begründer des Erbacher Elfenbeinhandwerks, dem Grafen Franz I. zu Erbach-Erbach, ist vor allem dessen Gräflicher Hofmaler Christian Kehrer (1770–1869) zu nennen, der viele zeichnerische Vorlagen für die Schnitzer und Dreher lieferte. Zu den bedeutendsten Elfenbeinschnitzern zählen unter anderem der Altmeister der Erbacher Schnitzkunst Otto Glenz (1865–1948) und Jan Holschuh (1909–2000). Die „Erbacher Rose" von Friedrich Hartmann und die Handbrosche von Philipp Willmann wurden weltbekannt. Die meisten Elfenbeinschnitzer waren auch Bildhauer. Zur Künstlergilde gehörten ferner Maler Hans Otto Müller-Erbach (1921–1948) und Schriftsteller Rudolf Hagelstange (1912–1984) sowie einige Mundartdichter und Heimatschriftsteller darunter Greta Bickelhaupt (1865–1919). Sie alle haben den Odenwald weit über Erbach hinaus bekannt gemacht.

Blick in den Schlossgraben vom Marktplatz. Links der Eingang zur ehemaligen Kaserne, dann das Gebäude der Familien Eich und Bellon, rechts die Umfassungsmauer des Schlosses. Die Zeichnung stammt von Wilhelm Gerling aus den Zwanzigerjahren.

In der deutschen Kunstlandschaft ist Heinz Otto Müller-Erbach (1921–1984) eine markante Erscheinung. In Bremen geboren, wurde er 1946 in Erbach ansässig. In dieser Zeit erhielt er zahlreiche Aufträge für „Kunst am Bau". H. O. Müller-Erbach starb in seiner Wahlheimat Erbach. Das Foto zeigt ihn mit einem seiner Kunstwerke.

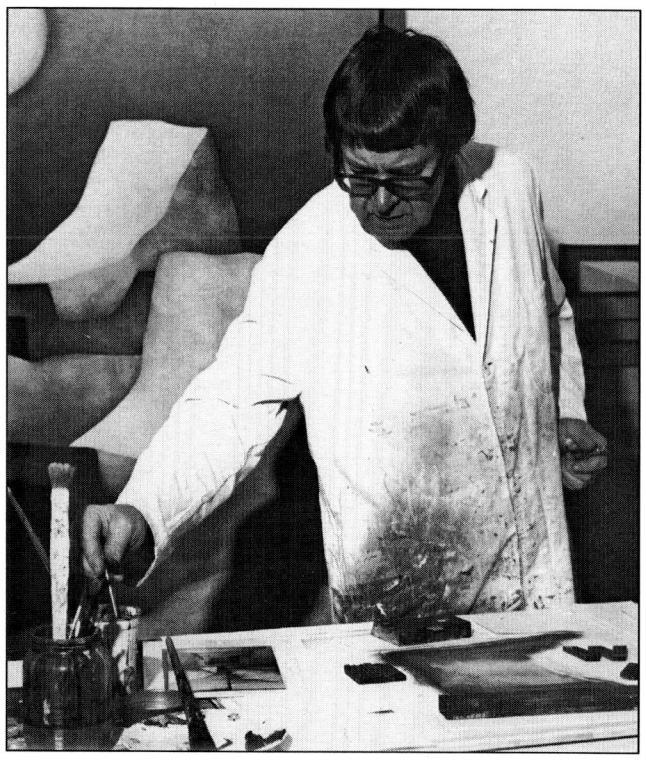

Heinz Otto Müller-Erbach in seinem Atelier. Der Name des Künstlers ist eng mit der Stadt verbunden, da er seinem Familiennamen den Namen der Stadt anhängte. Sein Markenzeichen ist deshalb auch H. O. Müller-Erbach.

Bildhauer Jan Holschuh (1909–2000) schuf zahlreiche kunsthandwerkliche Kostbarkeiten. Dazu gehört seine „Bergpredigt", die er in einen Elefantenstoßzahn geschnitzt hat. Für einige seiner Arbeiten erhielt er den Bayerischen Staatspreis.

Der Altmeister der Elfenbeinschnitzer-Zunft Otto Glenz (1865–1948) ist ein Schüler des Elfenbeinschnitzers Johann Philipp Willmann (1846–1910). Er wurde der bekannteste Erbacher Schnitzer des 20. Jahrhunderts. Das Foto zeigt den Künstler in seiner Werkstatt.

Bronzeplastik des Erbacher Originals Adam Fleckenstein. Die Skulptur wurde nach einem im Deutschen Elfenbeinmuseum aufbewahrten Gipsmodell des Schnitzers Otto Glenz (1865–1948) von dessen Sohn Albrecht (1907–1990) als letzte Arbeit vor seinem Tod geschaffen.

Ehrenmal auf dem Schöllenberg, eine Skulptur von Elfenbeinschnitzer und Bildhauer Otto Glenz, 1923, gegossen von der Metallwerk Knodt AG. Die Inschriften auf zwei Buntstandsteintafeln mahnen unter anderem zum Gedenken an die Opfer der beiden Weltkriege.

Der Erbacher Elfenbeinschnitzer und Bildhauer Albrecht Glenz (1907–1990), Sohn des Altmeisters Otto Glenz (1865–1948).

Portrait des Elfenbeinschnitzers und Bildhauers Johann Philipp Willmann (1846–1910). Er ist der Schöpfer der berühmten Handbrosche. Dieser damals neuartige Ansteckschmuck war in Form einer Röschen oder Maiglöckchen haltenden Damenhand gearbeitet. Sie fand europaweiten Anklang. Bekannt wurde Willmann auch durch seine figürlichen Kleinplastiken in Elfenbein.

Einweihung des restaurierten Graf-Franz-Denkmals auf dem Marktplatz zu Erbach im Jahr 2006. Das Denkmal wurde 1874 auf Anregung des Grafen Eberhard XV. (1818–1884), Enkel des Grafen Franz I., nach einem Entwurf von Johann Philipp Willmann (1846–1910) errichtet.

Elfenbeinschnitzer Wilhelm Wegel (1913–2000) und Mitarbeiter in seiner Werkstatt. Mit ihm zu würdigen sind auch die Elfenbeinschnitzer und Bildhauer Ferdinand Preiss (1882–1943), Emil Strauch (1886–1941) und die Künstlerfamilie Kehrer. Tiermaler Christian Kehrer (1775–1869) sowie dessen Söhne und Enkel waren ebenfalls im Kunstgewerbe tätig.

Ein Portrait von Greta Bickelhaupt (1865–1919), die in Erbach geboren und verstorben ist. Unter den mundartlichen Dichterinnen Deutschlands nimmt sie einen sehr geachteten Raum ein.

Der Erbacher Heimat- und Mundartdichter Johann Mohr (1891–1948) ist mit seiner Poesie weit über Erbachs Stadtgrenzen hinaus bekannt geworden. Seine Veröffentlichungen ließ dessen Tochter Marie-Luise Hartmann wieder neu auflegen. Das Portrait zeigt ihn 1948. Wie Greta Bickelhaupt und Johann Mohr bereicherte auch Hans Müller (1912–1998) die mundartliche Heimatliteratur.

Rudolf Hagelstange (1912–1984) wurde in Nordhausen im Harz geboren und zog 1971 nach Erbach. Dort liegt er auch begraben. Er war ein etablierter Volksschriftsteller und einer der bedeutendsten Repräsentanten neuer Aufbruchsdichtung nach dem Zweiten Weltkrieg.

Heinz Hindorf (1909–1990) ist ein weithin bekannter Schöpfer von Glasfenstern. 1954 zog er nach Michelstadt und riet seinem Freund Rudolf Hagelstange, sich in seiner Nähe anzusiedeln. So kam der Schriftsteller nach Erbach. Hindorf ist anerkannter Maler, Grafiker und Gestalter von Mosaiken. Auch pflegte er die Verbindung von Bild und Wort.

8

HARTE WOCHEN, FROHE FESTE

Fröhlichkeit steckt an

Die Erbacher können hart arbeiten und zeichnen sich durch Fleiß und Zielstrebigkeit aus. Aber auch auf das Feiern verstehen sie sich, was nicht zuletzt der Wiesenmarkt beweist. Vergnüglich geht es zu beim Erbacher Frühlingsfest, beim Odenwälder Bauernmarkt auf dem Festgelände, der seit 1990 stattfindet, und beim Erbacher Kerwemarkt auf dem Marktplatz. Abwechslungsreich ist der Jahreslauf auch sonst. Beliebt sind der Erbacher Wochenmarkt (seit 1976), der Schäfertag (seit 1991), die Flohmärkte, die Erbacher Schlossweihnacht, vormals Altdeutscher Weihnachtsmarkt (seit 1974) sowie die Präsentation „Wein im Schloss" (seit 2007). Kunstsinnig zeigen sich die Erbacher auch bei Theater- und Musikveranstaltungen in der Festhalle, im Elfenbeinmuseum und im Schloss. Jubiläums-, Sänger-, Musik- und Trachtenfeste sind gesellschaftliche Höhepunkte. Singen, tanzen, spielen ist das Motto der 1949 gegründeten und seit 1955 umbenannten Hans-von-der-Au-Trachtengruppe. Der 1870 gegründete Carneval-Verein Ulk 1870 Erbach e. V. steht für angeborenen Mutterwitz der „Loarbser".

Die in den Zwanzigerjahren angefertigte Zeichnung von Wilhelm Gerling zeigt einen Blick in den Schlossgraben von der Brückenstraße in Höhe des Schwenkschen Hauses (links) und des heutiges Gasthauses „Wappenstube" (rechts).

Die freiwillige Feuerwehr der Stadt Erbach wurde 1879 gegründet. Die historische Aufnahme von 1936 zeigt vorne rechts Friedel Helm und Heinrich Neff.

Gruppenbild der freiwilligen Feuerwehr der Stadt Erbach, um 1943. Auch im „Dritten Reich" war der Schutzpatron der Feuerwehrmänner St. Florian.

Gruppenfoto der Freiwilligen Feuerwehr Schönnen mit ihrer neuen Motorspritze im Jahr 1958. Die Wehr wurde 1953 gegründet und erhielt diese Motorspritze 1954.

Die alte, handbetriebene Feuerwehrspritze der FFW Schönnen, daneben die ledernen Feuerwehreimer. „Miteinander, füreinander" ist auch hier die Devise. Und nach harter Arbeit darf auch gefeiert werden.

Honoratioren in Dorf-Erbach, zum Teil noch in Tracht, um 1935. Im Hintergrund sieht man den Kalksteinrücken hinter dem Schulgebäude.

Der Ortsvorstand von Erlenbach während des Festzugs der MGV Concordia Erlenbach 1931 anlässlich seines 25-jährigen Bestehens. 1845 wurde der Erbacher Männergesangverein gegründet, der sich seit 1948 Chorvereinigung „Liedertafel" nennt.

Carneval-Verein Ulk 1870 Erbach, um 1948, mit Mundartdichter Johann Mohr in der Dreiergruppe oben rechts. Auch in Schönnen und Ebersberg gibt es einen Carneval-Verein, er nennt sich Karnevalsgemeinschaft Schönberg und wurde 1978 gegründet. In der „fünften Jahreszeit" ist Schönnen und Ebersberg ein „zusammengelegter" Stadtteil.

In Erbach gab es einst einen Schalmeien-Verein. Das Foto zeigt die Musiker mit ihren Schalmeien am Tempel auf der Sophienhöhe über Erbach etwa 1935.

Motivgruppen anlässlich des Wiesenmarktumzugs in der Brückenstraße in Höhe der Gastwirtschaft „Zur Traube".

Aufstellung zum Kerwezug in Ebersberg. In allen Erbacher Stadtteilen wird noch tüchtig die Kirchweih gehalten, die „Kerb" gefeiert. Es gibt Kerweumzüge, Kerweredd und Kerwetanz.

Im Jahr 1949 hat der Fotograf beim Kerweumzug in Lauerbach Günter Hupp (links) mit den Bergziegen im Bild festgehalten.

Kirchweih in Lauerbach, 1949. Mit einfachen Mitteln wurde für Heiterkeit gesorgt. Dazu gehörten die obligatorischen Schuppkarrenrennen, Bierfassrollen, Sackhüpfen und Eierlaufen.

MGV Günterfürst im Jahr 1951 anlässlich des Jubiläums seines 50-jährigen Bestehens.

1906   50 Jahre   1956

M.G.V. Concordia Erlenbach i.O.

MGV Concordia 1906 Erlenbach anlässlich seines 50. Jubiläums.

Ehrendamen beim Sängerfest mit Fahnenweihe in Schönnen im Juni 1958.

Der MGV Lauerbach bei einem seiner vielen öffentlichen Auftritte, um 1960.

Eine Biedermeier-Gruppe um 1930 vor dem Pavillon im Garten der Gastwirtschaft „Schützen-hof". Der Pavillon wurde wegen Baufälligkeit abgetragen.

Laienspielgruppen gab es in den Dörfern überall. Obwohl es heute im Gegensatz zu damals Fernsehen gibt, bekommen die Laiendarsteller mit ihren Stücken wieder großen Zuspruch. Besonders die Vereine widmeten sich der Aufführung von Volksstücken, zumeist humorvol-len Schwänken, wie hier die Trachtengruppe in Lauerbach zwischen den beiden Weltkriegen.

Nochmals die Trachtengruppe Lauerbach mit Günter Gerbig, Johann Uhrig, Mizi Bauer, Friedrich Horn und Franz Bauer (von links). Besonders beliebt war der Auftritt der Akteure in Tracht.

„Trachtengruppe der Kreisstadt Erbach" heißt es auf dieser farbigen Postkarte. Es handelt sich dabei um ein Odenwälder Brautpaar. Die Aufnahme entstand im Schlosshof, links der Alte Bau.

Johann Mohr gründete in Erbach eine Trachtengruppe, die nach seinem Tod den Namen Laienbühne Johann Mohr erhielt. Die Gruppe verlief sich und wurde 1955 neu gegründet. Die hier abgebildeten Trachtenträger (von links) Herbert Bereiter, Wolfgang Wieczorek, Ernst Horn, Ludwig Arras, Karlheinz Mader und Dieter Nieratzky trafen sich zum Wiesenmarkt 1992.

„Erbacher Trachtengruppe" steht auf dieser Ansichtskarte von 1971. Zeitweise firmierte diese Gruppe unter Trachtengruppe der Kreisstadt Erbach. Nicht zu verwechseln ist sie mit der 1949 gegründeten Hans-von-der-Au-Gruppe, die sich erst seit 1955 so nennt. Sie hat sich mit Theater und Tanz dem Odenwälder Brauchtum verschrieben.

9

NATÜRLICH SPORTLICH

Gesunder Körper, gesunder Geist

Turnvater Friedrich Ludwig Jahn (1778–1852), der um 1820 den Grafen Franz I. zu Erbach-Erbach besuchte, hätte sich gefreut, wenn er von der regen sportlichen Betätigung der Erbacher erfahren hätte. Allein im Kernbereich der Stadt gibt es zwölf Sportvereine, alle Sportarten sind vertreten. Sportpark, Alexanderbad, dazu acht Sporthallen sowie neun Sport- und Bolzplätze bietet die Stadt ihren Sportlern an. Fußball wird im FSV Erbach, TSV Günterfürst, TSV Bullau und Inter Erbach gespielt. Der KSV Erbach war der erfolgreichste Fußballverein in der Nachkriegszeit. 1910 fand das erste Pferderennen beim Erbacher Wiesenmarkt statt. Legendär sind die Grasbahnrennen auf dem Wiesenmarktsgelände. Beim Automobilrennen über den Krähberg ab 1922 war Erbach federführend. Auch im Wintersport war Erbach schon früh aktiv. 1924 begannen die Bobrennen im Elsbacher Weg. Die erste Sportjugendherberge in Hessen steht hier. 2002 wurde Erbach der Bundessiegertitel „Pferdefreundliche Gemeinde" von der Deutschen Reiterlichen Vereinigung verliehen.

Die beiden Fachwerkhäuser im Pfarrgässel stehen nicht mehr. Im Vordergrund das Pfeifershaus. In ihm sollen Martin Luther und Gustav Adolf übernachtet haben. Die Zeichnung fertigte Wilhelm Gerling in den Zwanzigerjahren an.

Das Foto des Schützenvereins Bullau erinnert an das Gauschießen am 12. Mai 1929. Man sieht hinten von links Willi Spatz, Wilhelm Hofmann, Helmut Siefert, Heinrich Fickelscher, Georg Lehr, Heinrich Köbler, Adam Schwöbel. Adam Ritzinger, Heinrich Weyrauch und Georg Laudenberger sowie sitzend von links Adam Spatz, Willi Fleckenstein, Adam Laudenberger, Georg Körber und Wilhelm Müller.

Während des Sängerfestes in Schönnen am 7. Juli 1958 spielten die Bässe gegen die Tenöre Fußball. Ein stattlicher Verein, der sich das leisten kann. Der MGV Schönnen konnte im Jahr 2000 sein 75. Jubiläum feiern.

Der Arbeiterradfahrverein (ARV) Erbach beim Festzug, etwa 1954. Die Aktivitäten des Vereins sind eingestellt.

Gruppenbild der Mitglieder des Arbeiterradfahrvereins mit Trainer Lenz, um 1955.

Die Gründer des TV Dorf-Erbach bei der 50-Jahr-Feier 1959 (von links): Leonhard Mohr, Sebastian Knapp, Johann Knapp, Johann Mohr, Wilhelm Lang, Ludwig Mohr, Andreas Weber, Friedrich Federlin.

Turnerinnen des Turnvereins Erbach 1860, um 1930. Heute heißt er Turn- und Sportverein 1860 e. V. Erbach/Odw. Die Aufnahme entstand am längst abgebrochenen Pavillon auf dem Gelände des Gasthauses „Schützenhof".

Die B-Jugend des FC Erbach, um 1985. Der aufgelöste Verein spielte in der Oberliga Hessen. Die Trainer waren Herbert Reubold (links) und Uwe Gotter. Der auch nicht mehr existierende KSV war der erfolgreichste Fußballverein Erbachs in der Nachkriegszeit.

In zwei Gruppen gehen die „turnenden Hausfrauen" ihren sportlichen Ambitionen im TSV Erbach nach. Der Verein bietet in acht Sparten Leistungs-, Freizeit- und Gesundheitssport an. Das Foto dieser Gymnastik-Turnerinnen entstand im Jubiläumsjahr 2010.

Auf einem Motivwagen anlässlich eines Umzugs 1955 in Erbach präsentieren sich die Sport-
lerinnen im Dress des Deutschen Turner-Bundes mit ihrem Trainer (von links oben): Anneliese Stegmüller, Ute Bergsträßer, Inge Zick, Christel Weber, Adam Zink; von links unten:
Gisela Stumpf, Ingrid Gebhard, Gertrud Angele, Gisela Müller.

Pluspunkt Gesundheit: Die Plakette für Gesundheitssport wurde übergeben an (von links)
Erwin Herkert, Vorsitzender des TSV Erbach, Heinrich Glisic, Ute Schodterer, Jürgen Plate,
Vorsitzender des Turngaus Odenwald, und Erbachs Bürgermeister Uwe Hartmann. Die
Auszeichnung wurde am 16. August 1999 verliehen.

Hanns Trippel, 1908 in Groß-Umstadt geboren, ist Pionier der Schwimmwagen und wohnte zeitweise in Erbach. Hier posiert er auf dem Markplatz. Seit 1932 experimentierte er mit den später genannten Amphicars, den Nachfolgern von Trippel SK 9 und Trippel SK 10, als zivile Nachkriegsfahrzeuge. Erprobt wurden sie auch im Stausee im Marbachtal.

Während der Deutschlandfahrt 1974 machten auch die von Hanns Trippel gebauten Schwimmwagen Halt in Erbach. Zwischen 1941 und 1944 baute er für die Deutsche Wehrmacht rund 2.000 Amphibienfahrzeuge.

Zum Ausklang des Wiesenmarktes gab es immer die sogenannte Gemischte Sportstafette, eine solche gab es auch 1960. Das Foto zeigt von links Trabreiter (Schulte), Läuferin (Schodterer), Radfahrer (Weimar), Moped (Prinzessin zu Waldeck-Pyrmont), Motorrad (Wind) sowie Galopper (Erbprinz zu Waldeck-Pyrmont).

Die Grasbahnrennen im Sportpark waren einst die publikumsstärksten Motorsportveranstaltungen im Odenwald. Sie begannen, allerdings nicht unter diesem Namen, schon 1932. Initiator war Graf Alexander zu Erbach-Erbach (1891–1952). 1975 ging dieses motorsportliche Genre aus Umweltschutzgründen zu Ende.

Für Wintersport im Odenwald ist Erbach ein günstiger Ausgangspunkt. Hier wird gezeigt, wie es gemacht wird (von links): Helmut Holschuh, Friedrich Horn und Hans Horn beim Bobfahren in Lauerbach.

Winter in Lauerbach, um 1950. Von links sieht man Helmut Walther, einen Unbekannten, Günther Hupp, Ernst Horn, Helmut Holschuh (liegend) vor einem mächtig aufgetürmten Schneemann.

Wintersport in Erbach um 1935 mit dem Bob, auch „Kastenrumpler" genannt. Steuermann ist Wilhelm Nieratzky, die dritte Person von vorne ist Else Nieratzky.

Schlittenfahrt der Dorfjugend in der Neffe-Hohl, um 1943. Im Hintergrund sieht man die Hofreiten der Familien Ihrig und Bitsch, Günterfürst.

10

DER WEG IST DAS ZIEL

Auf der Zielgeraden

Erbach liegt an der Deutschen Ferienstraße Alpen-Ostsee sowie an der Nibelungen- und Siegfriedstraße. Die Verkehrsverbindungen verlaufen über die Bundesstraßen 45, 47 und 460. Besondere Bedeutung kommt dem öffentlichen Personennahverkehr (ÖPNV) zu. Die Odenwald-Regionalgesellschaft (OREG) mit Sitz in Erbach ist die lokale Nahverkehrsgesellschaft im Rhein-Main-Verkehrsverbund (RMV). Erbach ist Haltepunkt der Odenwaldbahn, die zwischen 1871 und 1882 erbaut wurde, an der Nahverkehrsstrecke Darmstadt-Eberbach. Der „Schnelle Odenwälder" verkehrt hier im Stundentakt. Den Fahrbetrieb erledigt die Firma Vias mit Triebwagen vom Typ Itino.

Touristisch ist Erbach unter anderem an den Nibelungensteig angebunden. Die Volkshochschule Odenwaldkreis mit Sitz in Erbach übernahm die erste zertifizierte Gästeführer-Ausbildung in Hessen. Was Kommunikation betrifft, errichtete die Brenergo, Tochter der OREG, ein flächendeckendes, auf Glasfaser-Technologie beruhendes Breitbandnetz. Mit der Einführung moderner Kommunikations- und Transportmittel siedelten sich zunehmend Dienstleistungsunternehmen in Erbach an.

Immer wieder ein beliebtes Motiv für Künstler (von links): Schloss, Schlosswache, Altes Rathaus, darüber der Stadtkirchturm. Das Aquarell stammt von Dieter Klapproth.

Im Bahnwärterhaus am Bahnübergang in Ebersberg wohnte die Bahnwärterfamilie Nicklas mit elf Kindern. Das Foto entstand 1910.

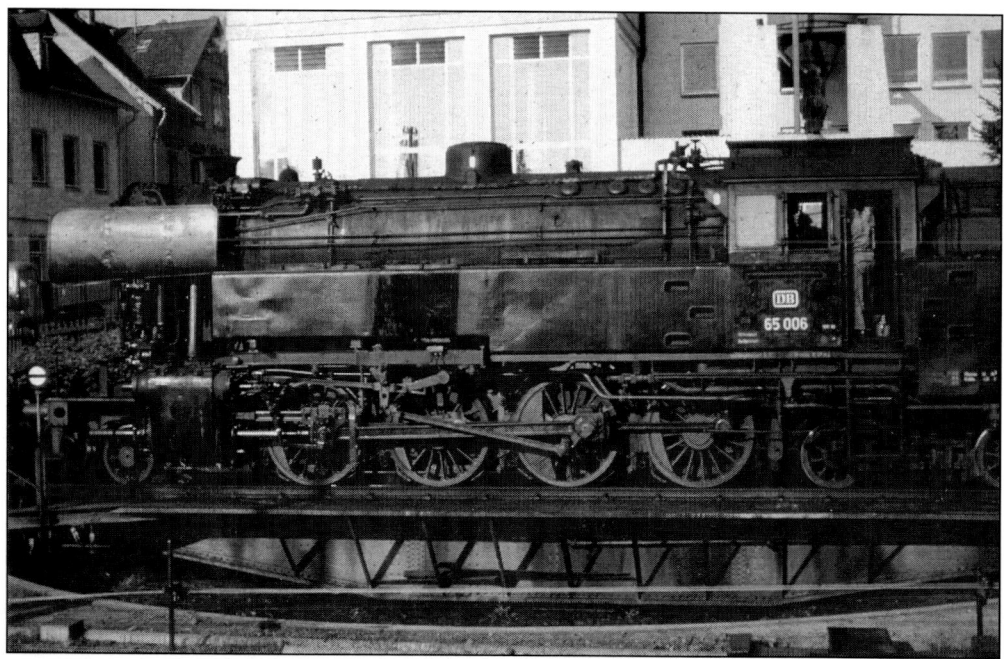

Die ehemalige Drehscheibe mit Lokomotive am Bahnhof, im Hintergrund sieht man das inzwischen abgerissene Erbacher Brauhaus.

Eine Dampflokomotive nimmt am Bahnhof Erbach Wasser auf.

Wasserkran und Wasserhaus am Bahnhof Erbach. Im Obergeschoss des Gebäudes befand sich ein Wassertank, der von einer Quelle im Brudergrund gespeist wurde und zum Auftanken der Dampflokomotiven diente. Befüllt wurden sie mit dem Wasserkran.

Der Eilzug Frankfurt–Stuttgart mit der Diesellok BR 216 hielt auch in Erbach.

Der Jubiläumszug aus Anlass der Feier „100 Jahre Odenwaldbahn" 1982 beim Aufenthalt in Erbach. Man sieht einen alten TEE-Diesel-Schnelltriebwagen 601 und davor die Mitglieder der IGO (von links) Kurt Michael Heß (Vorstand), Heinrich Klein (Vorsitzender), (Zweiter von rechts) Willi Weckbach (Geschäftsführer) und Dr. Peter W. Sattler (Beiratsmitglied).

Bahnhofgebäude mit Front zum Bahnhofsplatz, 1957. Das Gebäude wurde im Herbst 2010 abgerissen.

Am Bahnhof fanden 2010 Bauarbeiten am Bahnsteig statt. Noch stand das Bahnhofgebäude, das im Jahr darauf abgerissen wurde.

Die unter Denkmalschutz stehende Güterhalle nach ihrer Renovierung und Umgestaltung zu einem Informations- und Versorgungszentrum im Jahr 2011.

Brunnenschmuck auf dem Marktplatz zu Pfingsten 2011 mit Trachtenträgern der Hans-von-der-Au-Trachtengruppe.

Bauernmarkt im Oktober 2009. Zu sehen sind von links Diplom-Agraringenieur Dr. Arno Zips, die Odenwälder Kartoffelkönigin Barbara I. (Treusch), die Odenwälder Kartoffel-prinzessin Melissa I. (Haas), der Landrat Dietrich Kübler, die Hessische Milchkönigin Melanie I. (Reuße) sowie Reinhard Lenz, Vorsitzender der Gemeinschaft der Odenwälder Direktvermarkter.

Alljährlich wird im Brauereiausschank des ehemaligen Brauhauses das Hopfensprossenfest gefeiert, zu dem zahlreiche Prominente eingeladen werden.

Der Vorstand des Historischen Vereins für die Kreisstadt und die ehemalige Grafschaft Erbach präsentiert seine Arbeit bei der Stadtbegegnung 2008. Hier sieht man von links Hans Ell, Reinhold Weyrauch, Helga Bartmann, Bürgermeister Harald Buschmann, Vorsitzender Horst Anthoni, Klaus Horn, Ludwig Stellwag sowie Lothar Plößer. Nicht auf dem Bild ist Bruno Stracke.

Marketenderin Brigitte Dieffenbach und zwei „zänkische Weiber" in der Halsgeige vor der Schlosswache.

Aktionen rund um das Schloss: Als Waschfrauen verkleidete Kinder mit der Gästeführerin Cornelia Fornoff im Schlosshof.

Landrat Dietrich Kübler überreicht den Gästeführerinnen und Gästeführern ihre Zertifikate im Schlosshof (v.l.): Kornelia Brauer (Odenwald-Tourismus), Petra Willige-Friedrich (Betriebsgesellschaft Schloss Erbach), Franziska Bothe sowie Landrat Dietrich Kübler.

Waltraud Walther und Mizi Ripper beim Wiesenmarktsfestzug als Besucherinnen in der Fußgruppe des TSV Erbach. Hier posieren beide am Wiesenmarktsplakat beim Jubiläumsfest im Jahr 2002.

Wiesenmarktstrubel in der Unteren Marktstraße.

Traditioneller Bieranstich auf dem Wiesenmarkt 2011 mit Bürgermeister Harald Buschmann und Jürgen Klein (rechts).

Eines der Wahrzeichen des Erbacher Wiesenmarktes – das Riesenrad.

Die Heimat entdecken!

Von Kiel bis Wien, von Aachen bis Görlitz: Entdecken Sie Alltagsgeschichten aus Ihrer Heimatstadt!

Leben in der Großstadt …

Tauchen Sie ein in das quirlige Großstadtleben vergangener Tage. Spazieren Sie über breite Boulevards und stürzen Sie sich ins Nachtleben. Erkunden Sie ihre Stadt durch die Fensterscheiben einer Straßenbahn oder des ersten Käfers und bewundern Sie prächtig geschmückte Schaufenster.

... und ländliche Idylle

Wie sah das Leben in Ihrer Heimat aus, als die Bauern noch mit Pferden pflügten und jedes Dorf seinen eigenen Schmied hatte, jeder noch jeden kannte und das Leben sich zwischen Kirche, Wirtshaus und Wohnküche abspielte?

Erinnerungen an die Schulzeit …

Erinnern Sie sich noch an die Zeiten von Abakus und Schiefertafel, an Klassenausflüge oder den ersten Taschenrechner? Blicken Sie zurück auf große Klassen und gestrenge Schulmeister, entdecken Sie auf Klassenfotos Freunde und Bekannte von früher!

… und das Arbeitsleben

Entdecken Sie, wie sich das Arbeitsleben in den letzten hundert Jahren verändert hat. Werfen Sie einen Blick in Fabrikhallen, blicken Sie Handwerksmeistern bei ihrer Arbeit über die Schulter und erinnern Sie sich an den Einkauf im Tante-Emma-Laden.

Gesellige Stunden im Verein …

Fußballclub und Schützenverein, Musikkapelle und Gesellenverein: Schauen Sie zurück auf Volksfeste und Turniere, Chorproben oder Prunksitzungen. Erinnern Sie sich an schöne Stunden und das gesellschaftliche Leben in Ihrer Heimat.

... und im Familienkreis

Werfen Sie einen Blick in die Wohnzimmer vergangener Tage und entdecken Sie, wie sich zwischen schweren Eichenmöbeln, Nierentischen und Ikea-Regalen der Alltag verändert hat. Erleben Sie Familienfeiern und Weihnachtsfeste im Wandel der Jahrzehnte mit.

www.suttonverlag.de